ຮ່າງກາຍຂອງຂ້ອຍ

ໂດຍ ສິມສະໝຸດ ທອງດີ
ຮູບໂດຍ ຈອນ ໂຣເບິດ ອາຊຸເອໂລ

Library For All Ltd.

ຣ່າງກາຍຂອງຂ້ອຍ

ພິມຄັ້ງທຳອິດ 2021

ຈັດພິມໂດຍ: ອົງການ Library For All
ອີເມວ: info@libraryforall.org
URL: libraryforall.org

ປຶ້ມເຫຼັ້ມນີ້ ຖືກສະໜັບສະໜູນໂດຍ ໂຄງການເພື່ອການຮ່ວມມືການສຶກສາ (Education Cooperation Program).

ຮູບແຕ້ມຕົ້ນສະບັບໂດຍ ຈອນ ໂຮເບິດ ອາຊຸເອໂລ

ຣ່າງກາຍຂອງຂ້ອຍ
ສົມສະໝຸດ ທອງດຳ
ISBN: 978-9932-00-382-2
SKU02613

ຮ່າງກາຍຂອງຂ້ອຍ

ຂ້ອຍມີ ຫົວ.

ຂ້ອຍມີ ໝ້າ.

ຂ້ອຍມ ຄຳ.

ຂ້ອຍມີ ບ່າ.

ຂ້ອຍມີ ເອິກ.

ຂ້ອຍມີ ແຂບ.

ຂ້ອຍມີ ມີ.

ຂ້ອຍມີ ແຮ.

ຂ້ອຍມີ ໒໑.

ຂ້ອຍມີ ຕີນ.

ບໍ່ຄຶ ຣ່າງກາຍຂອງຂ້ອຍ.

ຂໍ້ມູນທາງບັນບາບຸກ໌ມຂອງທໍສະໝຸດແຫ່ງຊາຕ

ສົມສະໝຸດ ທອງດີ
    ຣາງກາຍຂອງຂ້ອຍ / ໂດຍ ສົມສະໝຸດ ທອງດີ. -- ວຽງຈັນ, 2021
    23 ໜ້າ : ພາບປະກອບສີ ; 21 ຊມ
    1. ວັນນະກໍາສໍາລັບເດັກ
    I. ຊື່ເລື່ອງ
808.068 -- dc21
    ເລກທະບຽນພິມຈໍາໜ່າຍ: ຕາມທບ139ອພຈ 23082021
    ISBN 978-9932-00-382-2

ເຈົ້າສາມາດໃຊ້ຄຳຖາມດັ່ງລຸ່ມນີ້ເພື່ອ ໄດ້ທະບາກ່ຽວກັບເລື່ອງທີ່ອ່ານກັບ ຄອບຄົວ, ໝູ່ ແລະ ຄູອາຈານ.

ເຈົ້າໄດ້ຮຽນຮູ້ຫຍັງຈາກເລື່ອງນີ້?

ຈົ່ງອະທິບາຍເລື່ອງນີ້ ໂດຍໃຊ້ຄຳບັບຍາຍ
1ຄຳ. ຕະຫຼົກ? ຢ້ານ? ມິສິສັບ? ໜ້າສົນໃຈ?

ເມື່ອອ່ານຈົບແລ້ວ,
ເລື່ອງນີ້ໃຫ້ຄວາມຮູ້ສຶກຫຍັງແກ່?

ໃນເລື່ອງນີ້, ເຈົ້າມັກສິ່ງໃດຫຼາຍທີ່ສຸດ?

ກ່ຽວກັບຜູ້ປະກອບສ່ວນ

Library For All ເຮັດວຽກຮ່ວມມືກັບບັນຂຽນ ແລະ ນັກແຕ້ມ
ທົ່ວ ໂລກເພື່ອສ້າງເລື່ອງທີ່ຫຼາກຫຼາຍ, ມີຄຸນນະພາບສູງໃຫ້ກັບຜູ້
ອ່ານໂຕນ້ອຍ. ທຸກຄົນສາມາດເຂົ້າໄປ ເວັບໄຊ libraryforall.org
ເພື່ອຮູ້ຂ່າວຫຼ້າສຸດ ກ່ຽວກັບກິດຈະກຳຝຶກອົບຮົມນັກຂຽນ, ຄູ່ມືຕ່າງໆ ແລະ
ໂອກາດສ້າງສັນອື່ນໆ.